Carsten Krüger

Unternehmenserfolg in Abhängigkeit vom Vergütungs-design

GRIN Verlag

Bibliografische Information der Deutschen Nationalbibliothek:

Die Deutsche Bibliothek verzeichnet diese Publikation in der Deutschen National-
bibliografie; detaillierte bibliografische Daten sind im Internet über http://dnb.d-
nb.de/ abrufbar.

Impressum:

Copyright © 2004 GRIN Verlag GmbH
Druck und Bindung: Books on Demand GmbH, Norderstedt Germany
ISBN: 978-3-638-67164-4

Dieses Buch bei GRIN:

http://www.grin.com/de/e-book/67345/unternehmenserfolg-in-abhaengigkeit-vom-
verguetungsdesign

GRIN - Your knowledge has value

Der GRIN Verlag publiziert seit 1998 wissenschaftliche Arbeiten von Studenten, Hochschullehrern und anderen Akademikern als eBook und gedrucktes Buch. Die Verlagswebsite www.grin.com ist die ideale Plattform zur Veröffentlichung von Hausarbeiten, Abschlussarbeiten, wissenschaftlichen Aufsätzen, Dissertationen und Fachbüchern.

Besuchen Sie uns im Internet:

http://www.grin.com/

http://www.facebook.com/grincom

http://www.twitter.com/grin_com

Julius-Maximilians-Universität Würzburg

Lehrstuhl für BWL, Personal und Organisation

Seminararbeit zum Thema:

„Unternehmenserfolg in Abhängigkeit vom Vergütungsdesign"

Sommersemester 2004

vorgelegt am 16.07.2004

von

Carsten Krüger

Inhaltsverzeichnis

Inhaltsverzeichnis 1

1. Einleitung

1.1 Überblick

In den letzten Jahren, besonders zu Zeiten der Spekulationsblase am Neuen Markt, sind Diskussionen aufgeflammt, ob die Vergütung der Führungskräfte „angemessen" oder eher „realitätsfern" ist. Diese Arbeit kann zu einer Versachlichung der Diskussion beitragen, indem die Wechselwirkungen zwischen Vergütung und Unternehmenserfolg aufgezeigt werden, d.h. ob die Einführung langfristiger Anreizverträge und die Verwendung erfolgsabhängiger Bezahlung tatsächlich zu einer besserer Unternehmensleistung führen, oder ob diese Anpassungen zugunsten und auf Druck der Führungskräfte durchgesetzt wurden. Die zu diesem Zweck analysierten Studien haben meist einen Stichprobenumfang von mehreren hundert Firmen und damit den Vorteil eines neutralen Blickwinkels; die in der Öffentlichkeit oft wahrgenommenen „schlechten Beispielen" haben also nur einen geringen Einfluss. Dabei kann weniger eine Aussage über die „Angemessenheit" der absoluten Höhe eines Gehalts gemacht werden, sondern eher über die Faktoren, die die Höhe und die Effizienz eines Vergütungsvertrages determinieren. Ob die resultierenden Verträge ihre Anreizwirkung entfalten und damit ihre Existenz angesichts der nie zu vermeidenden Nachteile rechtfertigen, soll in dieser Arbeit überprüft werden.

Im folgenden sollen zuerst die Begriffe „Unternehmenserfolg" und „Vergütungsdesign" detailliert erläutert werden; anschließend werden die einzelnen Studien vorgestellt, verglichen und die Ergebnisse diskutiert.

1.2 Unternehmenserfolg

Da der Begriff „Unternehmenserfolg" nicht klar definiert und daher nicht direkt messbar ist, stellt sich vor allem die Frage, durch welche stellvertretenden Variablen dieser repräsentiert werden soll. Die meisten der in dieser Arbeit untersuchten Studien[1] verwenden die Kursreaktion der Aktienmärkte als Indikator für die Vorteilhaftigkeit der zu untersuchenden Ereignisse. Andere Autoren benutzen u.a.

---

[1] z.B. BRICKLEY (1985), GERETY (2001), DATTA (2001)

2

die Reaktionen der Anleihemärkte[2], die Kapitalrendite (englisch: „return on assets")
und das Verhältnis von Markt- zu Buchwert (englisch: "market-to-book ratio")[3].
Dabei hat jede Methode ihre Vor- und Nachteile. So ist z.b. die Verwendung von
Bilanzdaten kritisch, da über einen Beobachtungszeitraum von mehreren Jahren
viele Ereignisse die eigentliche Messung verfälschen können. Auf der anderen Seite
messen diese Daten die tatsächliche Performance einer Firma und sind nicht wie
Aktienkurse Spekulationen und dem Handel von Erwartungen ausgesetzt. Der
Kapitalmarkt ist zwar ein sehr effizientes und schnelles Mittel der Informations-
weitergabe. Es liegen jedoch zum Zeitpunkt einer Ankündigung, welcher von den
meisten Studien als Beobachtungszeitpunkt gewählt wird, meist keine genauen
Daten zu Ausmaß und Umsetzung des zu beobachtenden Ereignisses vor, so dass
eine Bewertung durch die Kapitalmärkte zum größten Teil auf Vermutungen beruht[3].
So zeigt z.b. WESTPHAL (1994), dass 21% bis 45% der angekündigten langfristigen
Anreizverträge anschließend nicht umgesetzt werden. Trotzdem wird der Methode
der abweichenden Erträge (AE; englisch: „abnormal returns") häufig der Vorzug
gegeben, da sich diese auf das einzelne Ereignis beziehen und einzelne
Erwartungsirrtümer bei großen Stichproben kaum das Ergebnis beeinflussen. Bei
dieser Methode wird der Aktienkurs der betrachteten Firma um Marktschwankungen
bereinigt und anschließend auf auffällige Merkmale zur Zeit um das Ereignis
untersucht. Werden die Marktreaktionen über mehrere Tage zusammengefasst, so
spricht man von kumulierten abweichenden Erträgen (KAE; der Subskript-Index gibt
die beobachteten Handelstage um das Ereignis an).

1.3 Vergütungsdesign

Ein typischer Vergütungsvertrag für Führungskräfte beinhaltet zum einen das
Fixgehalt und zum anderen einen oder mehrere variable Anteile. Für die
Ausgestaltung der variablen Anteile stehen viele unterschiedliche Mittel zur
Verfügung. Diese sollen an dieser Stelle kurz erläutert werden:

---

[2] DEFUSCO (1990)
[3] PARK (1995)

Aktienoption: Als Bezugspreis gilt der Kurswert am Ausgabedatum; bei Ausführung der ausgegebenen Optionen erhält die Führungskraft Aktien der Firma zu dem festgelegten Bezugspreis. Oft sind Optionen mit der Auflage verbunden, sie eine gewisse Zeit zu halten.

Stock Appreciation Right: Werden häufig zusammen mit Optionen ausgegeben und erlauben eine Barauszahlung des Kursgewinns anstatt des Bezugs von Aktien[4].

Restricted Stock: Ausgabe von Aktien an Führungskräfte mit der Auflage, sie über eine gewisse Dauer halten zu müssen. Bei Verlassen der Firma verfallen die noch nicht freigegebenen Anteile[4].

Phantom Stock: Diese haben die selbe Wirkungsweise wie Restricted Stock mit dem Unterschied, dass keine realen Aktien ausgegeben werden, sondern die angefallenen Gewinne bar ausgezahlt werden[4].

Performanceplan: Die Vergütung erfolgt auf Basis von Daten des Rechnungs-wesens nach Erreichen von Zielvorgaben[4].

Premium Option: Die Ansetzung des Bezugspreises liegt deutlich über dem aktuellen Kurswert[5].

Performance-Vested Option: Sind erst dann ausführbar, wenn eine vorher festgelegt Kurshürde überschritten wurde[5].

Repricable Option: Sollte der Kurs der Aktie sinken, kann auch der Bezugspreis der Option reduziert werden[5].

Purchased Option: Die Führungskraft muss einen Teil des Bezugspreises im Voraus zahlen; bei Nicht-Ausführung der Option wird dieser Betrag einbehalten[5].

Reload Option: Der Bezugspreis kann mit eigenen Aktien bezahlt werden; als Gegenleistung erhält man die Anzahl der getauschten Aktien in neuen Optionen mit aktualisiertem Bezugspreis[5].

Dabei erlangt die Vergütung mit leistungsabhängigen Komponenten eine immer größere Bedeutung. Während z.B. im Jahr 1992 der Anteil der variablen Vergütung eines Chief Executive Officers an der Gesamtvergütung bei 24,8% lag, ist dieser

---

[4] BRICKLEY (1995)
[5] JOHNSON (2000)

Wert auf 58,6% im Jahr 2001 gestiegen[6]. Da sich alle Studien auf börsennotierte Unternehmen im US-amerikanischen Raum beziehen, muss gemäß des monistischen Systems eine Änderung des Vergütungsdesigns zuerst vom Board of Directors vorgeschlagen und anschließend von der Hauptversammlung der Anteilseigner mit einfacher Mehrheit bestätigt werden.

Welche Faktoren das Vergütungsdesign beeinflussen und wie sich diese Faktoren auf Höhe und Art der Vergütung auswirken, wird in Kapitel 2 erörtert. Die Zusammenhänge zwischen den resultierenden Anreizverträgen und dem Unternehmenserfolg sind dem 3. Kapitel zu entnehmen.

1.4 Beobachtungsperiode

Die in dieser Arbeit berücksichtigten Studien decken insgesamt einen durchgehenden Beobachtungszeitraum von 29 Jahren ab. Die Studie von WESTPHAL (1994) reicht am weitesten in die Vergangenheit zurück und berücksichtigt Daten von 1972 bis 1990. Die aktuellste Studie stammt von MURPHY (2003). Dieser beobachtet die Jahre 1992 bis 2001, ohne jedoch Marktdaten zu berücksichtigen. Insgesamt liegt ein Forschungsschwerpunkt auf den Jahren 1977 bis 1982. Dieser Zeitraum wird von fünf der detailliert vorgestellten Studien für Beobachtungen genutzt[7]. In drei der untersuchten Studien wurden vor allem die Jahre zwischen 1992 und 1998 genauer untersucht[8].

---

[6] MURPHY (2003)

[7] u.a. BRICKLEY (1985), DEFUSCO (1990), KERR (1987)

[8] GERETY (2001), DATTA (2001), MURPHY (2003)

5

2. Beeinflussung des Vergütungsdesigns

Zunächst soll untersucht werden, wie bestimmte Faktoren das Vergütungsdesign beeinflussen. Dabei handelt es sich keinesfalls um eine vollständige Auflistung sondern eher um eine exemplarische Betrachtung bestimmter Aspekte. Besonders der Corporate-Governance-Struktur (2.3) kommt eine große Bedeutung zu.

2.1 ...durch vorherigen Unternehmenserfolg

Intuitiv betrachtet, sollte man erwarten können, dass Manager von Firmen, die eine gute Performance zeigen, eine Gehaltssteigerung erfahren. Dagegen sollten Manager von Firmen mit sinkendem Unternehmenswert geringere Vergütungen erhalten. KERR (1987) untersucht diesen Zusammenhang, d.h. inwiefern die Performance einer Firma die Vergütung des betreffenden Chief Executive Officers (CEO) beeinflusst. Dabei werden zu zwei Zeitpunkten (1977 und 1980) in 129 Fällen die zwei zu überprüfenden Hypothesen getestet. Die erste Hypothese lautet, dass ein positiver Zusammenhang zwischen Änderungen des CEO-Gehalts und abweichenden Erträgen besteht. Die zweite Hypothese nimmt an, dass ein positiver Zusammenhang zwischen Änderungen des CEO-Gehalts und allgemeinen Markt- schwankungen existiert. Aktienoptionen als Gehaltskomponente wurden jedoch aus praktischen und methodischen Gründen nicht berücksichtigt. Das Ergebnis dieser Studie ist, dass keine der beiden Hypothesen zutrifft. Weder abweichende Erträge noch Marktschwankungen haben im Allgemeinen einen Einfluss auf die CEO- Vergütung. KERR (1987) liefert hierfür verschiedene Erklärungsversuche.

Zum einen ist es möglich, dass das Board of Directors als zuständiges Ent- scheidungsgremium die Reaktionen des Kapitalmarkts als unangemessenen oder unzureichenden Indikator ansieht, um mit diesem die Performance zu beurteilen und die Vergütung danach auszurichten. Diese Begründung wirft die Frage auf, welcher alternativer Indikator besser zur Bewertung des Unternehmenserfolges geeignet wäre. Da letztendlich aber das Interesse der Eigentümer zählt, wird diese Suche wohl erfolglos bleiben, da der Aktienkurs direkt die Wohlfahrt der Anteilseigner wiederspiegelt. Eine weitere Erklärung wäre, dass eine Sanktionierung der Manager- leistung nicht monetär, sondern über die Kräfte des Arbeitsmarktes und den Gewinn bzw. Verlust an Reputation erfolgt. Da keiner der beiden Erklärungsversuche besonders überzeugend wirkt, muss im schlimmsten Fall angenommen werden, dass die Vergütung der CEOs im Allgemeinen keinen rationalen Maßstäben folgt. Diese These konnte zum Zeitpunkt der Veröffentlichung nicht empirisch widerlegt werden[9].

Ergänzend soll angemerkt werden, dass WESTPHAL (1994) in seiner Untersuchung einen signifikant negativen Zusammenhang zwischen vorheriger Performance einer Firma und der Ankündigung eines langfristigen Anreizvertrages nachweisen konnte, d.h. mit sinkender Performance steigt die Wahrscheinlichkeit der Ankündigung eines solchen Vertrages. Dieser Zusammenhang wird aber im Zeitverlauf (1972-1990) schwächer (p=0,01).

2.2 ...durch die New Economy

Zum Bereich der New Economy zählt man vor allem Firmen der Software-, Internet-, Netzwerk- und Telekommunikationsbranche, die die Vorzüge des Internets und des eCommerce ausnutzen. Üblicherweise unterscheiden sich diese Firmen von der sogenannten Old Economy dadurch, dass sie gemessen an Umsatz und Mitarbeitern (aber nicht am Marktwert) kleiner sind, schneller wachsen und intensiver in Forschung und Entwicklung investieren. Eine weitere Eigenschaft ist die Vergütung mit Aktienoptionen bis in untere Hierarchieebenen. Diese Firmen erfuhren ab 1998 rasante Kurssteigerungen, die allerdings im März 2000 ein jähes Ende fanden[10].

MURPHY (2003) untersucht die Vergütungsstrukturen der CEOs von Firmen der New Economy im Vergleich zu denen der Old Economy im Zeitraum von 1992 bis 2001. Vergleicht man den Anteil der Firmen, die ihre CEOs mit Aktienoptionen vergüten, so steigt dieser in Firmen der New Economy von 1992 bis 2001 von 93,2% auf 96,4%. In der Old Economy steigt dieser Wert von 84,5% auf 96,7%. Deutlicher wird der Unterschied bei Betrachtung des Anteils der Optionen an der Gesamtvergütung. Hier zeigt sich, dass von 1992 bis 2001 ein Anstieg von 33,6% auf 82,9% stattfand, während dieser in der Old Economy von 24,8% auf 58,6% wesentlich geringer ausfiel.

---

[9] vgl. KERR (1987)

[10] vgl. MURPHY (2003)

Der höchste Wert von Aktienoptionen pro Mitarbeiter stammt aus dem Jahr 2000, er beträgt 93.770$ in der New Economy gegenüber 11.070$ in der Old Economy[10]. Nach den starken Kursrückgängen zwischen März 2000 und Anfang 2001 waren viele Optionen „aus dem Geld" und damit wertlos, d.h. ihr Bezugspreis lag höher als der aktuelle Kurs der Aktie. Die häufigste Gegenmaßnahme (in 92% der Fälle) der New-Economy-Firmen bestand in der Ausgabe neuer Optionen. So lässt sich erklären, dass im Jahr 2001 39,7% der New-Economy-Firmen mehrmals pro Jahr neue Optionen gewährten, während es 1992 nur 14,4% waren. In der Old Economy liegen diese Werte mit 19,7% für 2001 und 9,9% für 1992 wesentlich niedriger[10].

Es lässt sich also zusammenfassend sagen, dass CEOs von Firmen der New Economy zwar wie in der Old Economy fast durchgehend Aktienoptionen erhalten, diese aber einen wesentlich größeren Anteil an der Gesamtvergütung ausmachen und bei schlechter Kursentwicklung schneller durch neue Optionen ersetzt werden[10].

2.3 ...durch die Corporate-Governance-Struktur

Aus der Sicht der Anteilseigner eines Unternehmens ist die Umsetzung der Idee der Corporate Governance wünschenswert, denn sie fordert transparente Entscheidungen, effektive Kontrolle der ausführenden Führungskräfte und eine Vermeidung von Fehlanreizen. Langfristig gesehen sollte dies zu effizienteren Entscheidungen und damit zu einer positiven Entwicklung des Unternehmens führen. In diesem Abschnitt soll untersucht werden, inwieweit diese Richtlinien beachtet werden und welche Fehlanreize noch immer bestehen.

CORE (1999) stellt die Nullhypothese auf, dass die beobachteten Board- und Eigentümerstrukturen optimale Vergütungsverträge und maximale Firmenperformance erzeugen unter der Bedingung, dass die Höhe der Vergütung eine Funktion der Performance ist. Untersucht werden 495 Beobachtungen der CEO-Vergütung im Zeitraum von 1982 bis 1984, was zeitlich vor der Diskussion der Corporate Governance liegt. Die Vergütung lässt sich aufteilen in Fixgehalt, jährliche Bonuszahlungen und kapitalmarktorientierte Vergütungsformen. Dabei werden Optionen mit 25% ihres Ausübungspreises und Aktien mit dem Kurs des Gewährungsdatums bewertet. Der Median der Barvergütung beträgt 578.205$, der Median der Gesamtvergütung liegt bei 800.000$ (Wert im Jahr 1984). Als Maßstäbe für den Unternehmenserfolg werden die Kapitalrendite und der jährliche Aktienertrag über fünf Jahre hinweg betrachtet[11].

Da die Güte der Corporate-Governance-Umsetzung nicht direkt messbar ist, müssen Variablen gefunden werden, um diese zu umschreiben. Es ist einleuchtend, dass ein großer Einfluss des CEOs auf das Board eine schlechte Corporate-Governance-Struktur bedeutet, da dieses Kontrollfunktionen wahrnimmt und z.b. Gehaltsänderungen des CEOs vorschlägt. Daher werden Variablen verwendet, die die Struktur des Boards und der Besitzverhältnisse betreffen und einen Einfluss auf die Macht des CEOs vermuten lassen[11].

In den Firmen der Stichprobe besteht ein durchschnittliches Board aus 13 Mitgliedern, in 76% der Fälle ist der CEO auch gleichzeitig Vorsitzender des Boards und 60% der Direktoren sind Außenstehende („Outsider"). Von diesen sind 8% 70 Jahre oder älter und 45% sind in drei oder mehr anderen Boards tätig. Eine Regressionsanalyse der Board-Struktur mit der Gesamtvergütung als abhängiger Variable hat zum Ergebnis, dass ein CEO bei gleichzeitigem Vorsitz im Board im Durchschnitt 152.577$ mehr verdient und die Vergrößerung des Boards um ein Mitglied einen Gehaltsanstieg um 30.601$ bedeutet. Weitere signifikant positive Zusammenhänge bestehen außerdem bei der Anzahl der Direktoren, die vom CEO ernannt wurden, bei der Anzahl der „Gray Directors" (Außenstehende Direktoren, die Zahlungen für Aufträge von der Firma des CEOs erhalten), bei der Anzahl der Außenstehenden Direktoren über 69 Jahren und bei der Anzahl der Außenstehenden Direktoren mit Mitgliedschaften in drei oder mehr anderen Boards. Der Anteil der „Insider" (Angehörige der Firma im Board) korreliert negativ mit dem CEO-Gehalt; ein Prozent mehr Insider im Board bringt dem CEO einen Verlust von 5639$[11].

Wendet man die Regressionsanalyse auf die Eigentümerstruktur an, so ergeben sich als wichtigste Ergebnisse, dass der Besitz von mindestens 5% der Anteile in den Händen eines Nichtbeteiligten eine Reduktion des CEO-Gehalts um durchschnittlich 86.100$ (in 47,1% der Firmen) und in den Händen eines Board-Mitglieds einen Rückgang um 142.389$ (in 12,5% der Firmen) bewirken[11].

Insgesamt gesehen sprechen die präsentierten Fakten gegen die anfangs erwähnte Nullhypothese der optimalen Vertragsgestaltung.

---

[11] vgl. CORE (1999)

Durch die Funktion als Vorsitzender des Boards und durch die Beteiligung bei der Ernennung von neuen Board-Mitgliedern (vgl. nächsten Absatz) hat er die Möglichkeit, Entscheidungen so zu beeinflussen, dass die Kontrollfunktion des Boards geschwächt wird. Wie gezeigt wurde, sind diese Anreize für einen CEO existent und von großer monetärer Bedeutung[11].

GERETY (2001) beschäftigt sich unter anderem mit der im vorigen Absatz angesprochenen Problematik der Einflussnahme des CEOs bei der Ernennung neuer Board-Mitglieder. In dieser Studie werden 289 Firmen zwischen 1988 und 1998 untersucht, die Anreizverträge für Direktoren ankündigen. Ähnlich zu CORE (1999) wird versucht, über die Stärke der Einflussnahme des CEOs eine Aussage über die Güte der Corporate-Governance-Struktur zu machen. Dafür verwenden GERETY (2001) als Variable die Tatsache, ob ein Nominierungskomitee für neue Board-Mitglieder existiert. Die Vermutung dabei ist, dass Direktoren, die unter dem Einfluss des CEOs (ohne Nominierungskomitee) ernannt wurden, nicht vollständig unabhängig sind und eine überhöhte Vergütung erhalten. Durch die Abhängigkeit vom CEO und die Angst vor einem Verlust der höheren Vergütung wird verhindert, dass der Anreizvertrag seine Wirkung entfalten kann[12].

Übereinstimmend mit CORE (1999) wird von einer Quote der Außenstehenden im Board von 60% berichtet. Bei 71% der Pläne handelt es sich um Neueinführungen; in 77% der Fälle (mit abnehmendem Trend) werden sogenannte „Gravy Plans" gewährt. Dies sind Pläne, die die bestehende Vergütung nicht ersetzen, sondern bei denen der leistungsabhängige Anteil zusätzlich zum bestehenden Gehalt bezahlt wird. Dieser Anteil besteht in den meisten Fällen aus Aktienoptionen (53%) oder verkaufsbeschränkten Aktien (17%). Die Häufigkeit der Einbeziehung des CEO bei Board-Ernennungen sinkt im Zeitverlauf von 68% (1988-1991) auf 51% (1992-1998). Durch einen Chi-Quadrat-Test wird die Nullhypothese abgelehnt, dass Firmen ohne Nominierungskomitee den gleichen Anteil an Gravy Plans aufweisen wie Firmen mit Nominierungskomitee (84% vs. 73%; p=0,05). Zudem werden in Firmen ohne Nominierungskomitee mehr Optionspläne genehmigt (67% vs. 43%) und in solchen Firmen können Optionen häufiger sofort ausgeführt werden (26% vs. 16%; p=0,07).

---

[12] vgl. GERETY (2001)

Ein weiterer Befund ist, dass in Firmen ohne Nominierungskomitee nur in 13% der Fälle verkaufsbeschränkte Aktien langfristig gehalten werden müssen (meist bis zum Ende der Amtszeit), während dieser Wert in Firmen mit Nominierungskomitee bei 34% liegt (p=0,07)[12].

Die naheliegende Folgerung ist, dass Firmen mit Nominierungskomitee ihren Direktoren bessere Anreizverträge anbieten, dadurch eine effizientere Kontrolle der ausführenden Manager möglich ist und so eine verbesserte Corporate-Governance-Struktur erreicht wird[12]. Die von CORE (1999) und GERETY (2001) untersuchte Auswirkung auf die Wohlfahrt der Anteilseigner wird im nächsten Kapitel erläutert.

WESTPHAL (1994) beleuchtet einen weiteren Aspekt der Corporate-Governance-Struktur. Er zeigt, dass häufig eine Diskrepanz zwischen Inhalt und Symbolik bei der Einführung von langfristigen Anreizverträgen für CEOs besteht und dass diese Diskrepanz umso größer ist, je schwächer die Kontrollfunktion des Boards ausgeübt wird. Die Studie untersucht die Ankündigung von langfristigen Anreizverträgen in 570 der größten US-Konzerne im Zeitraum von 1972 bis 1990. Die Methodik gleicht der von CORE (1999) und GERETY (2001); es werden Variablen gesucht, die den Einfluss des CEOs auf das Board stellvertretend für die Güte der Corporate-Governance-Umsetzung beschreiben. In dieser Studie werden die Amtszeit des CEOs, die Mitgliedschaft des CEOs im Board, das Insider-Verhältnis im Board und die Anzahl der Board-Ernennungen seit Beginn der Amtszeit des CEOs als Variablen verwendet. Die Vermutung der Autoren ist, dass zwar immer mehr langfristige Anreizverträge angekündigt werden, im Verhältnis dazu aber immer weniger dieser Verträge tatsächlich umgesetzt werden. Denn die Beschlüsse der Hauptversammlung sind nur Ermächtigungserklärungen ohne den Zwang einer anschließenden Realisierung. Ein CEO, der solch ein Vorgehen durchsetzen kann, erreicht damit mehrere Ziele. Zum einen bewirkt er eine positive Wahrnehmung in der Öffentlichkeit, da angenommen wird, dass durch den neuen Vergütungsvertrag die Interessen von Management und Eigentümern besser in Übereinstimmung gebracht wurden.

11

Auf der anderen Seite verhindert er (da er risikoavers ist) einen Anstieg seines eigenen Vergütungsrisikos, welcher durch eine leistungsabhängige Bezahlung entstanden wäre[13].

In der Tat stellt WESTPHAL (1994) fest, dass 21% bis 45% der angekündigten langfristigen Anreizverträge nicht umgesetzt werden. Die Hypothese, dass die Wahrscheinlichkeit für die Ankündigung eines langfristigen Anreizvertrages umso größer ist, je stärker der Einfluss des CEOs auf das Board ist, wird bestätigt, da drei der vier Einflussvariablen einen signifikant positiven Zusammenhang aufweisen (p=0,05). Auch die These, dass zwischen CEO-Einfluss und tatsächlicher Nutzung des Vertrages ein negativer Zusammenhang besteht, wird von drei der vier Variablen signifikant bestätigt (p=0,01). Eine weitere überprüfte Hypothese lautet, dass bei Umsetzung eines langfristigen Anreizvertrages das Ausmaß der Umsetzung umso geringer ist, je größer der Einfluss des CEOs ist. Dies wird von zwei der vier Kontrollvariablen unterstützt (p=0,05)[13]. Wie schon bei CORE (1999) zeigt sich, dass das Verhältnis der Insider im Board keinen signifikanten Einfluss auf die Machtverhältnisse zwischen CEO und Board hat.

Laut WESTPHAL (1994) könnte eine Erklärung für die bewiesene Abnahme des CEO-Einflusses auf die Ankündigung von langfristigen Anreizverträgen im Zeitverlauf sein, dass diese immer stärkere Verbreitung finden und die leistungsabhängige Bezahlung inzwischen eine Standardkomponente in fast allen Vergütungsverträgen ist (vgl. MURPHY (2003): In über 96% der Firmen werden Optionen als Teil der Vergütung eingesetzt). Die hochsignifikante Abnahme der Wahrscheinlichkeit einer Umsetzung im Zeitverlauf (p=0,001) wird in Abbildung 1 verdeutlicht[13].

---

[13] vgl. WESTPHAL (1994)

Abb. 1: Ankündigung und Nutzung von langfristigen Anreizverträgen
(rekonstruiert aus WESTPHAL (1994))

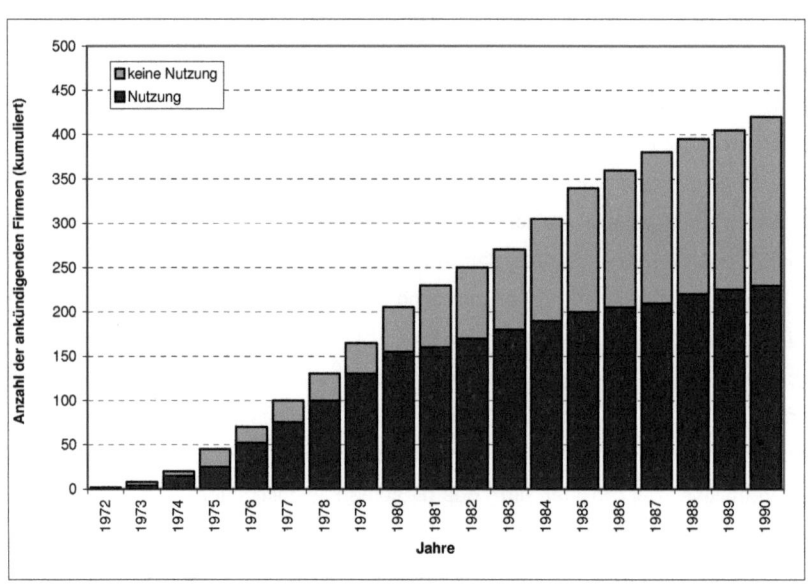

Betrachtet man die drei in diesem Abschnitt vorgestellten Studien[14], so kann man es als empirisch erwiesen ansehen, dass eine schlechte Corporate-Governance-Struktur einen größeren Einfluss des CEOs auf das Board begünstigt und auf diese Weise verstärkt ineffiziente Vergütungsformen entstehen. Wie sich diese Sachverhalte auf den Unternehmenserfolg und damit auf die Wohlfahrt der Eigentümer auswirken, wird im nächsten Kapitel (3.1) diskutiert.

---

[14] CORE (1999), GERETY (2001), WESTPHAL (1994)

3. Einfluss der Vergütung auf den Unternehmenserfolg

3.1 Corporate-Governance-Struktur

Anschließend an die Diskussion der Corporate-Governance-Umsetzung eines Unternehmens und deren Auswirkung auf das Vergütungsdesign im letzten Kapitel (2.3) sollen nun die Folgen auf Performance und Eigentümerwohlfahrt untersucht werden, das diese letztendlich darüber entscheiden, ob gewisse Strukturen wünschenswert sind oder nicht.

Nach der Analyse der Determinanten der CEO-Vergütung untersucht CORE (1999) die Auswirkung einer übermäßigen CEO-Vergütung. Das Ergebnis ist ein signifikant negativer Zusammenhang zwischen Performance und übermäßiger Vergütung. Steigt beispielsweise das CEO-Gehalt um 40%, was ungefähr der Standard-abweichung der Stichprobe entspricht, so verringert sich die Kapitalrendite um 1% jährlich (im Fünfjahres-Betrachtungszeitraum). Die Aktienerträge sinken in diesem Fall durchschnittlich um 4,97%, 2,82% und 1,78% auf Einjahres-, Dreijahres- und Fünfjahressicht. Zudem fördert eine schlechte Corporate-Governance-Struktur die Festsetzung des CEOs in seiner Position und eine Verschlechterung der Überwachungsmöglichkeiten des Boards[15].

Im letzten Kapitel (2.3) wurde gezeigt, dass Firmen ohne Nominierungskomitee eine schlechtere Corporate-Governance-Struktur aufweisen. Die Effekte auf die Marktreaktionen sind nicht eindeutig. Bei Betrachtung des Handelstages vor, während und nach der Bekanntgabe der Planeinführung ergeben sich $KAE_{-1,+1}$ für alle Firmen von −0,27%, welcher insignifikant ist. Firmen mit Nominierungskomitee, in dem der CEO nicht beteiligt ist, werden mit $KAE_{-1,+1}$ von +0,32% belohnt, welche jedoch ebenso nicht signifikant sind. Das einzige signifikante Ergebnis betrifft die Firmen ohne Nominierungskomitee, bei diesen entstehen $KAE_{-1,+1}$ von −1,08% (p=0,03). Eine mögliche Erklärung dieser Ergebnisse ist, dass die negative Wirkung

---

[15] vgl. CORE (1999)

eines fehlenden Nominierungskomitees zwar erkannt wurde, die möglichen Vorteile von Anreizverträgen für Direktoren aber noch nicht voll ausgeschöpft wurden[16].

Fasst man diese Ergebnisse zusammen, kommt man zu dem Schluss, dass eine schlechte Corporate-Governance-Struktur nicht nur ineffiziente Vergütungsverträge induziert, sondern auch messbar negative Auswirkungen auf den Unternehmenserfolg hat.

Die Forderungen einer Trennung von CEO und Board-Vorsitz, einer Verkleinerung der Boards, einer Einführung von Altersobergrenzen, eines Verbots von „Gray Directors" und der Limitierung der Anzahl von Board-Mitgliedschaften (z.B. von der National Association of Corporate Directors, 1996) sind also berechtigt[15].

3.2 Performance von Aktien und Anleihen

Bevor auf den Erfolg einzelner Aspekte der Unternehmensführung im Zusammenhang mit langfristigen Anreizverträgen (z.B. Kapitel 3.3, 3.4, 3.5) eingegangen wird, soll in diesem Abschnitt die allgemeine Performance der Aktien[17] bzw. der Aktien und Anleihen[18] bei Ankündigung eines erfolgsabhängigen Vergütungsvertrages untersucht werden.

BRICKLEY (1985) untersucht den Zeitraum von 1979 bis 1982. Wie in allen ähnlichen hier zitierten Studien werden nur solche Bevollmächtigungserklärungen (englisch: „proxy statements") in der Analyse berücksichtigt, die nicht „verunreinigt" sind, d.h. die Abstimmung darf außer dem Plan, der Wahl neuer Direktoren und der Bestellung der Abschlussprüfer keine anderen Beschlusspunkte enthalten. Außerdem werden nur langfristige Anreizverträge berücksichtigt. 175 von 344 angekündigten Plänen erfüllen diese Bedingungen. Die Nullhypothese lautet, dass die Pläne die Wohlfahrt der Anteilseigner nicht beeinflussen. Bei den AE kann nun zwischen mehreren Stichtagen unterschieden werden. Betrachtet man nur den Tag des jeweiligen Ereignisses und den anschließenden Handelstag, kann die Nullhypo-

---

[16] vgl. GERETY (2001)
[17] vgl. BRICKLEY (1985)
[18] vgl. DEFUSCO (1990)

these für den Tag des Beschlusses im Board, den Tag der Bevollmächtigungserklärung, den Tag des Eingangs der Erklärung bei der „Securities and Exchange
Commission" (SEC) und den Tag der Hauptversammlung weder mit t-Test noch mit
dem Vorzeichentest von Fischer abgelehnt werden; die $KAE_{0,+1}$ liegen zwischen
-0,1% und 0,3%. Erweitert man die Betrachtung jedoch auf die Zeit zwischen Board-
Treffen und ein Tag nach Eingang bei der SEC (im Durchschnitt 58,4 Tage), stellt
man signifikante $KAE_{Board,SEC+1}$ von 2,4% fest (p=0,03)[17].

Eine Querschnittsanalyse nach der Art der Pläne (Optionspläne, Performancepläne,
Restricted-Stock-Pläne) soll zeigen, ob es eine Vergütungsform gibt, die alle anderen
dominiert, d.h. höhere Renditen verspricht. Die Nullhypothese, dass Pläne, die eine
gewisse Komponente enthalten, die gleiche $KAE_{Board,SEC+1}$ aufweisen, wie Pläne, die
diese Komponente nicht enthalten, kann jedoch von einem F-Test nicht abgelehnt
werden. Die $KAE_{Board,SEC+1}$ schwanken zwar zwischen 1,09% (Pläne ohne Restricted-
Stock-Komponente) und 4,37% (Pläne mit Restricted-Stock-Komponente), diese sind
aber nicht signifikant. Daraus folgern die Autoren, dass für unterschiedliche Firmen
unterschiedliche Vertragsformen optimal sind, um Agency-Kosten und Steuerlast zu
minimieren[17].

Ähnlich wie BRICKLEY (1985) untersucht DEFUSCO (1990) den Zeitraum von 1978
bis 1982. Die Klassifikation in brauchbare und „verunreinigte" Bevollmächtigungserklärungen erfolgt ebenfalls analog zu BRICKLEY (1985). Der im vorigen Abschnitt
beschriebene positive empirische Zusammenhang wird in dieser Studie bestätigt.
Prüft man den Tag des Eingangs bei der SEC und den darauffolgenden Handelstag,
ergibt sich ein $KAE_{SEC,SEC+1}$ von 0,68% auf einem Signifikanzniveau von 95% (107
Datensätze, 59% positive Reaktionen)[18]. Unter Verwendung des von BRICKLEY
(1985) vorgeschlagenen Intervalls (Board-Treffen bis ein Tag nach Eingang bei der
SEC) resultieren bei DEFUSCO (1990) $KAE_{Board,SEC+1}$ von 4,0%, was die Ergebnisse
von BRICKLEY (1985) bestätigt und sogar übertrifft (53 Datensätze, 66% positive
Reaktionen).

Zusätzlich untersucht DEFUSCO (1990) die Auswirkung der Ankündigung von langfristigen Anreizverträgen auf den Anleihenmarkt. Erstaunlicherweise ist hier eine signifikante Reaktion nur am Tag *vor* Eingang bei der SEC feststellbar. Diese Reaktion
ist negativ (-0,4%) auf einem Signifikanzniveau von 90%.

Das Ergebnis wird durch eine Kontrollgruppe bestätigt, die keine signifikanten Schwankungen zeigt. Die Autoren haben jedoch keine Erklärung für die unterschiedlichen Zeiträume der signifikanten Marktreaktionen bei Aktien und Anleihen[18]. Die weiteren Untersuchungen von DEFUSCO (1990) betreffen die Risikoneigung und werden in Kapitel 3.5 vorgestellt.

Auf der Basis der in diesem Abschnitt vorgestellten Studien kann die These befürwortet werden, dass eine erfolgsabhängige Vergütung der Führungskräfte eine positive Wirkung auf den Aktienkurs und damit auf die Firmeneigentümer ausübt. Dabei beschränken sich die Reaktionen der Marktteilnehmer anscheinend nicht auf einzelne Tage; eine signifikante Wirkung zeigt sich zumindest bei BRICKLEY (1985) erst bei einem längeren Betrachtungszeitraum. Was die Wohlfahrtsverluste für Besitzer von Anleihen betrifft, so liegt die Vermutung nahe, dass diese durch eine gesteigerte Risikoneigung hervorgerufen werden (siehe Kapitel 3.5).

3.3 Übernahmeentscheidungen

In diesem Kapitel soll der Frage nachgegangen werden, ob Anteilskapital-basierte Vergütung zu effizienteren Investitionen und Übernahmen führen. Die Studie von DATTA (2001) liefert anhand einer Überprüfung von 1719 Akquisitionen in der Zeit von 1993 bis 1998 Beweise dafür, dass dies tatsächlich der Fall ist. Zuerst wird der Zusammenhang zwischen dem Übernahmeaufpreis (englisch: „acquisition premium") und dem Grad der Interessenübereinstimmung zwischen Unternehmensleitung und Eigentümern, gemessen durch die Vergütungsstruktur der fünf höchsten Führungskräfte, geprüft. Die Firmen werden in zwei Gruppen aufgeteilt; abhängig davon, ob die Vergütung ihrer Führungskräfte ein hohes oder niedriges Maß an Anteilskapital aufweist. Die nächste Teiluntersuchung beschreibt die kurz- und langfristigen Effekte auf den Aktienkurs einer Firma nach Bekanntgabe einer Übernahme[19].

---

[19] vgl. DATTA (2001)

Das erste Ergebnis ist, dass eine großer Differenz zwischen dem Übernahme-aufpreis beider Gruppen besteht. Während die Gruppe mit hohem Anteilskapital einen Aufschlag von 35,9% realisiert, muss die Gruppe mit niedrigem Anteilskapital 44,7% Aufpreis bezahlen. Der Unterschied von 8,8% ist signifikant (p=0,01) und entspricht einem Gegenwert von 54,6 Mio. $[19].

Übereinstimmend mit anderen Studien auf diesem Bereich sind die Kursreaktionen der Aktien bei Ankündigung einer Übernahme insignifikant. DATTA (2001) kann darüber hinaus aber nachweisen, dass die Gruppe mit hoher Anteilskapitalgewährung signifikante Kursgewinne erfährt (KAE$_{-1,0}$=0,3%; p=0,05), während die Gruppe mit niedriger Anteilskapitalgewährung signifikant negative Reaktionen aufweist (KAE$_{-1,0}$=-0,25%; p=0,05). Der Unterschied zwischen beiden Gruppen ist signifikant mit p=0,01. In der langfristigen Beobachtung der Aktienkurs-Performance über drei Jahre nach einer Übernahme werden zunächst allen Firmen der Stichprobe Kontrollfirmen ohne Anteilskapital-Komponenten in den Vergütungsverträgen zugeordnet, sodass Größe und Verhältnis von Markt- zu Buchwert ungefähr übereinstimmen. Es zeigt sich, dass die Performance der gesamten Stichprobe die der Kontrollfirmen über drei Jahre durchschnittlich um 11,3% unterschreitet. Jedoch wirkt sich auch hier eine unterschiedliche Vergütungsstruktur aus. Firmen, die ihren Führungskräften wenig Anteilskapital gewähren, haben signifikante Kursverluste von 28,9% (p=0,00) im Vergleich zur Kontrollgruppe, während der Kursanstieg von 16,1% in der Gruppe mit hoher Anteilskapitalgewährung nicht signifikant ist[19].

Zusätzlich wird festgestellt, dass sich das Verhältnis von Markt- zu Buchwert (stellvertretend für die Wachstumchancen) der übernommenen Firmen sich in den beiden Vergütungsgruppen signifikant unterscheidet (p=0,01). Firmen, die von Managern mit hoher Anteilskapitalgewährung übernommen werden, haben ein Verhältnis von Markt- zu Buchwert von 2,33, während dieses in der Gruppe mit niedriger Anteilskapitalgewährung um 0,64 niedriger liegt. Mit der Realisierung von größeren Wachstumchancen ist allerdings auch eine erhöhte Varianz der Aktienkurse feststellbar, was auf eine erhöhte Risikobereitschaft schließen lässt[19]. Dies unterstützt die in Kapitel 3.5 entwickelte These, dass durch erfolgsabhängige Bezahlung ein Anreiz zu effizienten Entscheidungen besteht und dass effiziente Entscheidungen auch risikoreiche Projekte berücksichtigen.

DATTA (2001) legt also empirische Beweise dafür vor, dass Firmen mit einem hohen Grad an Anteilskapitalgewährung weniger Übernahmeaufpreis zahlen, kurz- wie langfristig nach Übernahmen einen höheren Unternehmenserfolg aufweisen und im Durchschnitt lohnendere und risikoreichere Akquisitionen durchführen.

3.4 Veräußerungsentscheidungen

Dass Anreizverträge eine effizienzsteigernde Wirkung auf Entscheidungen bei Über- nahme von Firmen bzw. Firmenteilen haben, wurde im letzen Kapitel (3.3) gezeigt. Nun soll die Wirkung auf die Gegenseite überprüft werden, d.h. auf die Effizienz der Entscheidungen bei der Abstoßung von Firmenteilen.

Hierzu liegt eine Studie von TEHRANIAN (1987) vor, die im Zeitraum von 1974 bis 1982 Firmenteilverkäufe in 146 Fällen untersucht. Von den 146 Firmen der Stich- probe gewähren alle kurzfristige Anreizverträge für Führungskräfte, jedoch verfügen nur 66 über langfristige Performancepläne. Die Vermutung der Autoren ist, dass kurzfristige Anreizverträge die Manager dazu verleiten können, erfolgsversprechende Projekte zu unterlassen, die einen langfristigen Planungshorizont erfordern und lieber Projekte bevorzugen, die einen kurzfristigen Gewinn ermöglichen. Langfristige Per- formancepläne dagegen sollten die Interessen von Unternehmensführung und Anteilseignern besser in Übereinklang bringen[20].

Die Abstoßung eines Firmenteils kann auf zwei Arten erfolgen. Beim sogenannten Spin-Off werden Vermögenswerte in eine neu gegründete Gesellschaft transferiert, deren Anteile an die Eigentümer der abstoßenden Firma verteilt werden. Beim Ver- kauf werden die abgestoßenen Vermögenswerte gegen Bargeld, andere Vermögens- werte oder Sicherheiten getauscht. Im folgenden soll nur der Verkauf betrachtet wer- den. Es wird nun die These überprüft, dass Firmen, die ihre Führungskräfte mit lang- fristigen Performanceplänen vergüten, bei Ankündigung einer Verkaufsentscheidung positive Marktreaktionen aufzeigen und dass dies bei Firmen, die nur kurzfristig orientierte Verträge einsetzen, nicht der Fall ist. Firmen, deren Kurs 30 Tage vor bzw. nach Ankündigung durch ein Übernahmeangebot oder ähnliches beeinflusst wurde, werden aus der Stichprobe entfernt.

---

[20] vgl. TEHRANIAN (1987)

Mit einer Z-Statistik werden für jeden Tag (15 Tage vor bis 15 Tage nach Ankündigung) die AE berechnet. Die Nullhypothese, dass die Kontrollgruppe „ohne Plan" keine signifikanten Kursreaktionen aufweist, kann nicht abgelehnt werden (KAE$_{-1,0}$ und KAE$_{-1,+1}$ sind insignifikant). Die Gruppe „mit Plan" erreicht dagegen KAE$_{-1,0}$ von 0,65% und KAE$_{-1,+1}$ von 0,88% (für beide p=0,05) und bestätigt damit die Vermutung. Der höchste Wert der Differenz zwischen beiden Gruppen ergibt sich bei KAE$_{-3,+3}$ mit 1,81% (Z-Wert=3,56) zugunsten der Gruppe „mit Plan"[20].

Übereinstimmend mit der Untersuchung von DATTA (2001) zeigt sich, dass Manager, die leistungsorientiert bezahlt werden, nicht nur bessere Investitionsentscheidungen[19], sondern auch langfristig effizientere Verkaufsentscheidung treffen[20]. Dies wird vom Kapitalmarkt erkannt und mit positiven Kursreaktion belohnt.

3.5 Risikobereitschaft

Die in Kapitel 3.2 vorgestellte Studie von DEFUSCO (1990) beinhaltet außer der Analyse der Aktien- und Anleihenreaktionen auch eine Untersuchung der Risikoneigung infolge der Ankündigung langfristiger Anreizverträge. Die These, dass die Vergütung mit Aktienoptionen Manager dazu verleitet, größere Risiken einzugehen, wird anhand der sogenannten impliziten Varianz überprüft. Dazu wird zunächst die Varianz des Aktienkurses sechs Monate vor und nach der Bevollmächtigungserklärung berechnet, um langfristige Effekte zu erfassen. In diesem Zeitraum erhöht sich die Varianz signifikant um durchschnittlich 15,96% (p=0,01). Um nicht die unmittelbaren Reaktionen auf die Veröffentlichung zu messen, sondern die Handlungsfolgen der Führungskräfte, wählt man einen größeren Beobachtungszeitraum von +/- 500 Tagen (unter Ausschluss der sechs Monate vor und nach der Bevollmächtigung). In dieser Perspektive erhöht sich die Varianz bei 55% der Aktienkurse, im Median steigt diese um 8,1% (marktbereinigt sogar um 16,1%). Eine Kontrollgruppe von Unternehmen ohne Optionspläne erfährt dagegen korrigiert um Marktschwankungen nur eine Steigerung um 3%. Ein ähnliches Bild zeigt sich bei Analyse der Buchhaltungsdaten, hier weisen ebenfalls 55% der Unternehmen einen Anstieg der Varianz der Kapitalrendite auf[21].

---

[21] vgl. DEFUSCO (1990)

Der Grund für diese gesteigerte Risikoneigung dürfte vor allem in der asymmetrischen Nutzenverteilung der (Call-)Aktienoption[22] liegen, die einen umso größeren Erwartungswert des Nutzens bewirkt, je größer die Varianz ist. Ein weiterer Grund könnte die Bindung der Vergütung an den Unternehmenserfolg sein. Eine gestiegene Risikoneigung muss nicht unbedingt eine negative Wirkung haben, sondern kann stattdessen ein Ausdruck effizienterer Entscheidungen sein. Ein Manager, der nur ein Fixgehalt erhält, könnte sich durch ein risikoreiches Projekt nur schlechter stellen, da er bei Misserfolg um seinen Arbeitsplatz fürchten muss[21]. Ein erfolgsabhängig bezahlter Manager kann dagegen von einem erfolgreichen Projekt direkt profitieren.

3.6 Nicht-traditionelle Aktienoptionen

Zu den nicht-traditionellen Aktienoptionen zählen Premium Option, Performance-Vested Option, Repriceable Option, Purchased Option, Reload Option und die indexgebundene Option. Die Funktionsweise dieser Optionsarten wird in Kapitel 1.3 erläutert. JOHNSON (2000) vergleicht diese Optionsarten anhand komparativer Statik in ihrer Anreizwirkung auf Risikoneigung, Aktienkurs und Dividendenausschüttung. Dies geschieht mit Optionspreismodellen, die auf einem risikoneutralen Schätzungsprinzip beruhen, d.h. die ermittelten Werte liegen höher als die von einem risikoaversen Managers empfunden. Um die verschiedenen Optionen vergleichen zu können, werden in die Modellgleichungen realistische, feste Werte eingesetzt[23]. Das erste Ergebnis ist, dass die indexgebundene Option nur 34% des Werts einer herkömmlich Option besitzt, da Marktbewegungen (die in diesem Modell 75% der Kursschwankungen induzieren) nicht berücksichtigt werden. Am wertvollsten ist die Reload Option mit einem um 11% erhöhten Wert gegenüber der traditionellen Option, da das Risiko durch eine Konservierung des Nutzens vor Laufzeitende reduziert wird. Diese Ergebnisse sind robust gegenüber unterschiedlich gewählten Ausgangswerten. Dies hat zur Folge, dass bei den weiteren Untersuchungen die Anzahl der Optionen je nach Wert ihres Typs angepasst werden muss, um eine Vergleichbarkeit zu gewährleisten.

---

[22] vgl. HAUGEN (1981), zitiert nach DEFUSCO (1990)
[23] vgl. JOHNSON (2000)

Eine untere Grenze des Werts eines Optionspakets ist dabei der Reservationsnutzen des Managers, eine obere Grenze ist gegeben durch seine Grenzproduktivität. Auf einem vollkommenen Arbeitsmarkt stimmen diese Grenzen überein[23]. Die Variable „Delta" misst die Änderung des Optionswertes bei einer Variation des Kurses und damit die Anreizwirkung einer Kurssteigerung. Es resultiert für die indexgebundene Option ein um 93% höheres Delta als dies bei der traditionellen Option der Fall ist. Mit Ausnahme der Reprice Option überschreiten alle nicht-traditionellen Optionsformen das Delta der traditionellen Option (bei gleichbleibendem oder gestiegenem Kurs). Sind die Optionen stark aus dem Geld, z.B. bei Halbierung des Kurses, so hat nur die Purchase Option ein höheres Delta als die Standardoption. Die Reprice Option bewirkt sogar den pervertierten Anreiz, den Kurs zu senken[23].

Alle nicht-traditionellen Optionsformen haben generell eine stärkeren Anreiz, das Risiko zu steigern, als die traditionelle Option, wobei dieser besonders stark bei der indexgebundenen Option und bei niedrigen Volatilitäten ausgeprägt ist. Bei steigenden Volatilitäten nimmt dieser Anreiz ab, liegt aber immer noch höher als bei Standardoptionen[23].

Dividendenzahlungen wirken negativ auf den erwarteten Aktienkurs und damit auf den Wert der Optionen. Es existiert also ein Anreiz, die Dividende zu senken. Bei einem Dividendenertrag von 2% reagieren Premium Option, Performance-Vested Option und Purchase Option sensitiver auf Dividendenänderungen als eine herkömmliche Option, im Durchschnitt um 18%. Dagegen weist die indexgebundene Option eine um 55% geringere Sensitivität auf[23].

Option	Value	Sensitivity to changes in stock price	Sensitivity to changes in volatility	Sensitivity to changes in dividend yield
Traditional	3	6	6	4
Premium	6	2	2	1
Performance-vested	4	4	3	3
Repriceable	2	7	4	5
Purchased	5	3	7	2
Reload	1	5	5	6
Indexed	7	1	1	7

Abb. 2: Relative Bewertung der Sensitivitäten (1 für höchste, 7 für niedrigste)
(JOHNSON (2000))

Nun soll die Robustheit des Modells überprüft werden. Am stärksten reagieren Premium Option und Purchased Option auf eine Variation der Parameterwerte. Alle anderen nicht-traditionellen Optionsformen reagieren weniger stark auf Veränderungen. Alle Ergebnisse der komparativen Betrachtung kann man Abbildung 2 entnehmen[23].

Es zeigt sich also, dass die nicht-traditionellen Formen der Vergütung mit Optionen teilweise große Wirkungsunterschiede und sogar schädliche Anreize bieten (siehe Beispiel der Reprice Option). Die indexgebundene Option ist besonders erwähnenswert, denn sie bietet den größten Anreiz zur Kurssteigerung, wirkt am stärksten risikosteigernd (was nicht unbedingt negativ gedeutet werden muss, siehe Kapitel 3.5) und bietet den geringsten Anreiz, die Dividende zu senken.

4. Fazit

Betrachtet man alle hier diskutierten Ergebnisse, so kann man die Abwägung der Vor- und Nachteile einer leistungsorientierten Bezahlung (die meistens gleichzusetzen ist mit der Gewährung von Aktienoptionen) analog zu HANLON (2003) in zwei antagonistische Hypothesen zusammenfassen.

Die Hypothese der Anreizausrichtung der Führungskräfte fasst die positiven Effekte zusammen unter der Annahme, dass durch den gestiegenen Grad der Interessenübereinstimmung zwischen Unternehmensführung und Anteilseignern effizientere Entscheidungen getätigt werden im Sinne der Agency-Theorie.

Die zweite Hypothese geht von einer individuellen Nutzenmaximierung der Führungskräfte und allen damit verbundenen Nachteile aus. Die Nachteile einer schlechten Corporate-Governance-Struktur wurden ausführlich in Kapitel 2.3 und 3.1 vorgestellt. Diese sind durch die aufgezeigten Gegenmaßnahmen vermeidbar, im Gegensatz zu weiteren Nachteilen von Anreizverträgen. Z.B. sind die Kosten, die Anreizverträge verursachen, häufig nicht gerechtfertigt, da risikoaverse und undiversifizierte Manager der Vergütung einen geringeren Wert beimessen[24]. Des weiteren können Aktienoptionen als Teil der Vergütung angesehen werden, der angesichts der Kritik an hohen Gehältern weniger transparent ist, da die Höhe dieser Vergütung nicht im externen Rechnungswesen genannt wird[25]. Eine weitere Folge der individuellen Nutzenmaximierung sind die „Sortierung" von Informationen, um einen niedrigen Bezugs- und hohen Ausführungskurs von Aktienoptionen zu erreichen, sowie die Nutzung von Insiderwissen[26].

Trotz all dieser Nachteile scheinen langfristige Anreizverträge anderen Vergütungsformen überlegen zu sein, wie die Ergebnisse der Kapitel 3.2, 3.3 und 3.4 zeigen.

---

[24] vgl. MEULBROEK (2001), zitiert nach HANLON (2003)
[25] vgl. HALL (1998), zitiert nach HANLON (2003)
[26] vgl. ABOODY (2000) und CARPENTER (2001), zitiert nach HANLON (2003)

24

Die negativen Wirkungen dieser Verträge sind den Marktteilnehmern bekannt, trotzdem ist in den genannten Kapiteln eine positive Reaktion feststellbar. Dies lässt als Schluss nur zu, dass diese Art von Verträgen allgemein als vorteilhaft anerkannt werden.

Dass in der Struktur von Anreizverträgen durchaus Verbesserungen möglich sind, zeigt die Corporate-Governance-Diskussion und bei TEHRANIAN (1987), dass langfristige gegenüber kurzfristigen Bonuszahlungen Vorteile aufweisen. Es lassen sich also mit relativ einfachen Mitteln Verbesserungen erzielen, wobei ein optimaler Vergütungsvertrag durch den nie zu vermeidenden Einfluss des CEOs und die grundsätzlich unterschiedliche Interessenlage zwischen Eigentümern und Managern nicht realisierbar sein dürfte. Kapitel 3.6 enthält starke Indizien für den Einsatz indexgebundener Aktienoptionen. Durch diese dürfte eine noch stärkere Identifizierung der Führungskraft mit dem Unternehmen einhergehen, da Marktschwankungen (die 80% der Schwankung eines Aktienkurses induzieren[27]) keine Rolle mehr spielen und ihre Vergütung so noch stärker von ihrer eigenen Leistung abhängt.

Zusammenfassend lässt sich also sagen, dass trotz der beschriebenen Nachteile und vieler Verbesserungsmöglichkeiten zu der langfristigen, leistungsorientierten Vergütung keine effizientere Alternative bekannt ist.

---

[27] vgl. KERR (1987)

5. Abkürzungsverzeichnis

AE	Abweichende Erträge (Erklärung siehe Kapitel 1.2)
CEO	Chief Executive Officer
KAE	Kumulierte Abweichende Erträge (Erklärung siehe Kapitel 1.2)
SEC	Securities and Exchange Commission

6. Literaturverzeichnis

1. **ABOODY, D. / KASZNIK, R. (2000):** CEO stock option awards and the timing of corporate voluntary disclosures, *In: Journal of Accounting and Economics 29, S. 73–100*

2. **BRICKLEY, J.A. / BHAGAT, S. / LEASE R.C. (1985):** The impact of long-range managerial compensation plans on shareholder wealth, *In: Journal of Accounting and Economics 7, S. 115-129*

3. **CARPENTER, J. / REMMERS, B. (2001):** Executive stock option exercises and inside information, *In: Journal of Business 74, S. 513–534*

4. **CORE, J.E. / HOLTHAUSEN, R.W. / LARCKER, D.F. (1999):** Corporate governance, chief executive officer compensation, and firm performance, *In: Journal of Financial Economics 51,*
S. 371-406

5. **DATTA, S. / ISKANDAR-DATTA, M. / RAMAN, K. (2001):** Executive compensation and corporate acquisition decisions, *In: Journal of Finance 56, S. 2299-2336*

6. **DEFUSCO, R.A. / JOHNSON, R.R. / ZORN, T.S. (1990):** The effect of executive stock option plans on stockholders and bondholders, *In: Journal of Finance 45, S. 617-627*

7. **GERETY, M. / HOI, C.-K. / ROBIN, A. (2001):** Do shareholders benefit from the adoption of incentive pay for directors? *In: Financial Management Winter 2001, S. 45-61*

8. **HALL, B.J. / LIEBMAN, J.B. (1998):** Are CEOs really paid like bureaucrats? *In: Quarterly Journal of Economics 113, S. 653–691*

9. **HANLON, M. / RAJGOPAL, S. / SHEVLIN, T. (2003) :** Are executive stock options associated with future earnings? *In: Journal of Accounting and Economics 36, S. 3-43*

10. **HAUGEN, R.A. / SENBET, L.W. (1981):** Resolving the agency problems of external capital through options, *In: Journal of Finance 36, S. 629-648*

11. **JOHNSON, S.A. / TIAN, Y.S. (2000):** The value and incentive effects of nontraditional executive stock option plans, *In: Journal of Financial Economics 57, S. 3-34*

12. KERR, J. / BETTIS, R.A. (1987): Boards of Directors, top management compensation, and shareholder returns, *In: Academy of Management Journal 30, S. 645-664*

13. MEULBROEK, L. (2001): The efficiency of equity-linked compensation: understanding the full cost of awarding executive stock options, *In: Financial Management 30 (2), S. 5–30*

14. MURPHY, K.J. (2003): Stock-based pay in new economy firms, *In: Journal of Accounting and Economics 34, S. 129-147*

15. PARK, S. / SONG, M.H. (1995): Employee stock ownership plans, firm performance, and monitoring by outside blockholders, *In: Financial Management 24, S. 52-65*

16. TEHRANIAN, H. / TRAVLOS, N.G. / WAEGELEIN, J.F. (1987): The effect of long-term performance plans on corporate sell-off-induced abnormal returns, *In: Journal of Finance 42, S. 933-942*

17. WESTPHAL, J.D. / ZAJAC, E.J. (1994): Substance and symbolism in CEOs long-term incentive plans, *In: Administrative Science Quarterly 39, S. 367-390*